La pandilla vuelve 2

Cuaderno de ejercicios

María Luisa Hortelano

Elena G. Hortelano

Usa este código para acceder al
LIBRO DIGITAL
y al
BANCO DE RECURSOS
disponibles en

Ẽdigital
ELE

www.anayaeledigital.es

edelsa

GRAMÁTICA	ESCRITURA	CULTURA	REPASO
• Pronombres de sujeto en plural • Verbos *ser, estar, tener, vivir* y *querer* • 1.ª conjugación: *hablar, trabajar* • Género y número • Interrogativos: *¿dónde?, ¿quién?, ¿qué?, ¿cómo?, ¿cuántos?*	Escribo para presentarme	• **PERÚ:** América del Sur, Lima, el aimara, el quechua, el lago Titicaca, Machu Picchu, la Montaña de los Siete Colores, las Líneas de Nazca, el ceviche, la llama...	• Los nombres de países y los idiomas • Los gentilicios • Pronombres de sujeto en plural • Verbos *ser, estar, tener, vivir* y *hablar* • Género y número
• 2.ª conjugación: *comer, saber, poder* • Interrogativos: *¿cómo?, ¿qué?, ¿dónde?, ¿cuál?*	Escribo para describir mi animal favorito	• **VENEZUELA:** América del Sur, Caracas, la araña come de pájaros, los pumas, la catarata del Salto Ángel, el Parque Nacional Canaima, el río Orinoco, el teleférico de Mérida, la arepa...	• Los animales salvajes • Los continentes • Los hábitats • Los alimentos • Las acciones
• Verbo *ir* • Verbo *gustar* • 1.ª, 2.ª y 3.ª conjugación: *dibujar, leer, escribir* • Interrogativos: *¿adónde?, ¿qué?, ¿cuál?*	Escribo para hablar de mi colegio	• **PARAGUAY:** América del Sur, Asunción, el arpa paraguaya, los ríos Paraná y Paraguay, la sopa paraguaya, el tereré, el ñandutí...	• Las asignaturas • La hora • Las rutinas • Las actividades de tiempo libre • Verbo *ir* • Verbos de la 1.ª, 2.ª y 3.ª conjugación
• Verbos reflexivos: *bañarse, ducharse, peinarse*... • Adverbios y locuciones de lugar: *delante de, detrás de, entre, encima de, debajo de, dentro de, al lado de* • Adverbios de frecuencia: *siempre, a veces, nunca*	Escribo para hablar de mi casa	• **COLOMBIA:** América del Sur, Bogotá, Cartagena de Indias, el sancocho, el café, la cumbia, las casas de colores de Guatapé, el cóndor de los Andes...	• Las habitaciones • Los muebles y objetos de casa • Los números ordinales • Las tareas de la casa • Verbos reflexivos
• Adverbios y locuciones de lugar: *al lado de, entre, enfrente de* • Interrogativos: *¿dónde?, ¿cómo?, ¿cuánto?*	Escribo para hablar de mi barrio	• **ARGENTINA:** Buenos Aires, la plaza de Mayo, las cataratas del Iguazú, el barrio de La Boca, el tango, el glaciar Perito Moreno, el mate, las empanadas...	• Los lugares del barrio • Los nombres de las tiendas • Números • Adverbios y locuciones de lugar • Interrogativos • La *h*
• Verbo *doler* • Interrogativos: *¿qué?, ¿cómo?*	Escribo para decir cómo estoy y qué tiempo hace	• **PANAMÁ:** América Central, Ciudad de Panamá, clima tropical, el canal de Panamá, el tucán, el lago Gatún, las frutas tropicales, las ballenas...	• Los sentimientos • Las sensaciones • El tiempo atmosférico • Las estaciones y los meses del año • Verbo *doler* • Interrogativos

Somos la pandilla

1. 🖊 **Lee y completa.**

somos ● soy ● es ● son ● eres ● sois

Yo .... Pancha.

a.

Estos .... Pérez y Cito.

b.

Elena .... rubia.

c.

Vosotros .... altos.

d.

Nosotros .... hermanos.

e.

¿Quién .... tú?

f.

2. 🖊 **Observa, lee y completa.**

estamos ● estáis ● estoy ● están

¿Dónde ....?

.... en la biblioteca.

Yo también .... en la biblioteca.

¡Y yo!

a.

b.

Ellos .... en la biblioteca.

3. 🖊 **Escribe las formas del verbo estar.**

(Yo) ....estoy...............   (Nosotros/as) ....

(Tú) ....   (Vosotros/as) ....

(Él/Ella) ....   (Ellos/Ellas) ....

Vivimos en Madrid

 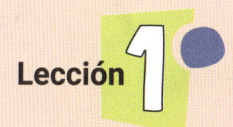

4. ✏️ **Lee y completa.**

vivimos ● viven ● vive ● vivo

Yo .... en Madrid.

a.

Mis abuelos .... en Cuba.

b.

c.

Rubén .... en Madrid.

Nosotros .... en Madrid.

5. ✏️ **Escribe las formas del verbo *vivir*.**

(Yo) ....vivo...................   (Nosotros/as) ....

(Tú) ....   (Vosotros/as) ....

(Él/Ella) ....   (Ellos/Ellas) ....

6. ✏️ **Mira las páginas 4 y 5 de tu libro y contesta.**

¿Con quién viven?

a. Elena vive con su madre y su abuela...

b. Chema ....

c. Ana..

d. Julia ....

7. ✏️ **Lee y completa.**

tenemos ● tienen ● tenéis

a. Nosotros .... los ojos verdes.

b. Vosotros .... los ojos azules.

c. Ellos .... los ojos marrones.

Hablamos español

1. Relaciona los países con los idiomas.

¿Qué idiomas hablan?

Francia	español
Brasil	portugués
Alemania	español
Japón	turco
Argentina	francés
Reino Unido	alemán
Turquía	japonés
España	inglés

2. Busca ocho países y escribe como en el ejemplo.

F	R	A	N	C	I	A	I	F	E	R
K	U	E	C	S	B	L	P	E	A	E
C	S	L	S	E	A	E	M	S	R	I
B	F	Z	E	O	L	M	I	P	G	N
O	A	L	D	R	I	A	N	A	E	O
L	T	J	A	P	O	N	N	Ñ	N	U
I	Q	D	F	H	I	I	F	A	T	N
Z	I	T	A	L	I	A	P	Z	I	I
I	D	E	Z	G	V	A	E	O	N	D
A	P	B	R	A	S	I	L	K	A	O

a. En Francia hablan francés.

b. En

c.

d.

e.

f.

g.

h.

3. Escribe las formas del verbo *hablar* y completa.

(Yo) hablo   (Nosotros/as) ....

(Tú) ....   (Vosotros/as) ....

(Él/Ella) ....   (Ellos/Ellas) ....

a. Mi padre .... francés y español.

b. Yo .... español y un poco de inglés.

c. Mi amiga Eva .... portugués.

d. Nosotras .... alemán.

¿De dónde somos?

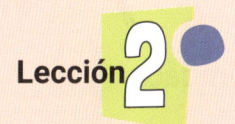

4. Une los países con las nacionalidades.

España	cubano
Cuba	argentino
México	español
Argentina	mexicano
Brasil	italiano
Italia	chino
China	brasileño

Alemania	turco
Francia	alemán
Turquía	japonés
Japón	francés
Canadá	británico
Gran Bretaña	estadounidense
Estados Unidos	canadiense

5. Escribe el femenino.

a. mexicano: mexicana

b. peruano: ....

c. argentino: ....

d. chileno: ....

e. brasileño: ....

f. español: ....

g. colombiano: ....

h. italiano: ....

i. inglés: ....

j. alemán: ....

k. francés: ....

l. japonés: ....

m. portugués: ....

n. chino: ....

ñ. turco: ....

6. Escribe en plural.

a. Soy cubano: Somos cubanos

b. Soy brasileño: ....

c. Soy italiano: ....

d. Soy francés: ....

e. Soy alemán: ....

f. Soy japonés: ....

7. 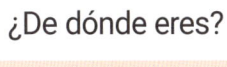 Escucha y completa.

¿De dónde eres?

Nombre	Soy de	Soy	Hablo
Héctor			
María			
Monique			
Mario			
Latoya			

Las profesiones

1. 🖉 **Observa y completa.**

¿Qué profesión tienen?

a. .... Sofía es enfermera. ....

b. ....

c. ....

d. ....

e. ....

f. ....

g. ....

h. ....

i. ....

j. ....

k. ....

Ángel

José

Eva y Fernando

Claudia

Juan

Sofía

Susana

Laura

Manuel

Carmen

David y Ángela

¿Dónde trabajan?

2. Mira la página 9 del libro y contesta.

a. ¿Qué trabajo tiene la madre de Julia? ....

b. ¿Y su padre? ....

c. ¿Dónde trabajan? ....

d. ¿Qué trabajo tiene Pablo? ....

e. ¿Y Pedro? ¿Dónde trabaja? ....

3. Contesta que sí.

a. ¿Eres ingeniero? Sí, soy ingeniero. ....   d. ¿Ellos son abogados? ....

b. ¿Sois estudiantes? ....   e. ¿Él estudia español? ....

c. ¿Laura es carpintera? ....   f. ¿Manuel es policía? ....

4. Contesta que no.

a. ¿Eres arquitecto? No, no soy arquitecto. ....

b. ¿Trabajas en una peluquería? ....

c. ¿Él es médico? ....

d. ¿Sois cantantes? ....

5. Escucha y completa.

Nombre	Juan		
Edad			
Nacionalidad			
Vive en			
Profesión			

Cantamos y jugamos

1. ✐ Encuentra las profesiones de la canción y escríbelas debajo de la foto.

....

I	X	S	R	H	U	B	W	M	L	O
N	D	T	J	U	E	N	Q	P	P	Ñ
G	F	P	A	S	T	E	L	E	R	O
E	K	Q	R	C	Z	V	G	L	T	I
N	C	R	B	K	L	T	H	U	D	B
I	S	F	L	Y	E	O	U	Q	T	P
E	A	G	F	K	I	Ñ	V	U	W	Z
R	Q	P	J	S	B	Y	B	E	T	E
A	C	A	M	I	O	N	E	R	A	P
B	M	R	I	S	A	Z	X	O	L	G

....

....

....

2. 💬 Pregunta a cuatro compañeros/as y escribe.

¿Qué quieres ser de mayor?

	Nombre	Profesión
a.		
b.		
c.		
d.		

¿Qué quieren ser tus compañeros/as? ¿Y tú?

3. ✐ Ahora, escribe frases.

a. ....

b. ....

c. ....

d. ....

e. Yo ....

Ca – co – cu – que – qui

 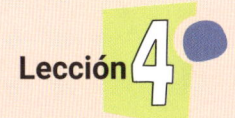

4. Lee el texto de la página 11 del libro y escribe las palabras que tienen:

ca – co – cu ....

que – qui ....

5. Lee y completa con estas palabras.

primo • prima • tío • tía

a. El hermano de mi madre es mi ....

c. El hijo de mi tío es mi ....

b. La hermana de mi madre es mi ....

d. La hija de mi tío es mi ....

6. Lee y clasifica estas palabras.

muñeca • pequeña • cometa • quién • cuello • coche • aquí • queso
Colombia • Cuba • chaqueta • quince • casa • raqueta

ca – co – cu ....

que – qui ....

7. Observa, lee y escribe.

Un conejo con chaqueta • Una camiseta pequeña
Un parque con columpios • Una vaca cantando

a. ....

b. ....

c. ....

d. ....

YO ESCRIBO EN ESPAÑOL

1. Lee este texto y escribe el tuyo.

Yo soy Elena y tengo diez años.
Soy española. Hablo español y un poco
de portugués. No tengo hermanos.
Vivo con mi madre y mi abuela.
Tengo un pájaro que se llama Pío.
De mayor quiero ser actriz.

AHORA
TÚ

Yo soy...

PAÍSES QUE HABLAN ESPAÑOL

PERÚ

1. 🖊 **Completa y colorea la bandera.**

Titicaca ● Machu Picchu ● América del Sur ● Siete Colores ● Lima ● hablan

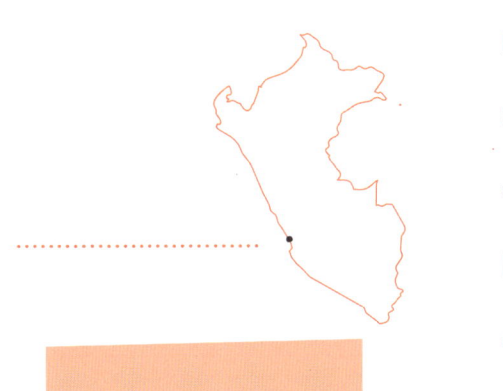

....

Perú está en ....

Su capital es .... En Perú ....

español, quechua, aimara y otras lenguas indígenas.

En Perú está el lago .... , la ciudad inca

de .... y la Montaña de los

....

2. 🎧 3 **Escucha música de Perú.**

3. 🖊 **Escribe el nombre de las imágenes.**

Las Líneas de Nazca ● El lago Titicaca ● El ceviche
Machu Picchu ● La llama ● La Montaña de los Siete Colores

REPASO

1. 🎧 **4** **Escucha, rodea y escribe.**

a. ....

b. ....

c. ....

d. ....

2. ✏️ **Pregunta a cuatro compañeros/as y completa.**

¿Dónde vives?   ¿Con quién vives?

	Nombre	Dónde vive	Con quién vive
a.			
b.			
c.			
d.			

3. Observa el mapa, busca el nombre de los países y completa las frases.

a. .... ¡Hola! Yo vivo en

Estados Unidos.
....

b. ....
¡Hola! Yo
....

c. ....

....

d. ....

e. ....

....

f. ....

....

g. ....

....

4. Lee y contesta.

a. ¿En qué país vives tú? ....

b. ¿En qué ciudad? ....

Actividad complementaria 5

Animales salvajes

1. 🖉 **Completa el crucigrama y dibuja el animal que falta.**

1.
2.
3.
4.
5.
6.
7.
8.
9.

10.
1. O S O
2.
3.
4.
5.
6.
7.
8.
9.

10.

2. 🖉 **Ahora, lee las frases y escribe qué animal es.**

a. Es gordo y de color gris. Tiene las orejas muy grandes. ....El elefante.......

b. Es muy grande. Vive en el mar. ....

c. Tiene el cuello muy largo y las patas muy largas. ....

d. Es pequeño, de colores y tiene pico. ....

e. Tiene una bolsa para llevar a sus hijos. ....

f. Es naranja, con rayas negras. ....

g. Es un animal largo. No tiene patas. ....

¿Dónde viven?

3. 🔍 **Observa el mapa de la página 17 de tu libro y contesta.**

a. ¿Dónde viven los canguros?

....

b. ¿Dónde viven los osos panda?

....

c. ¿Dónde viven los monos?

....

d. ¿Dónde viven los zorros?

....

4. ✏️ **Lee y clasifica estos animales.**

cerdo ● gato ● oso ● vaca ● perro ● tigre ● gallina ● león ● hámster

Animales salvajes	Animales de granja	Mascotas
....	....	....
....	....	....
....	....	....

5. ✏️ **Observa estos animales y escribe si son vertebrados (V) o invertebrados (I).**

la mosca [I]

la mariposa [ ]

el pulpo [ ]

el delfín [ ]

el mono [ ]

la araña [ ]

el mosquito [ ]

la estrella de mar [ ]

el loro [ ]

el canguro [ ]

Hábitats

1. Observa las fotos y escribe el nombre de estos hábitats.

el río ● la pradera ● el mar ● la sabana ● el desierto ● la selva ● la nieve y el hielo

....

....

....

....

....

....

....

2. Ahora, escribe dónde viven los animales anteriores.

a. Los camellos viven
....

b. ....

c. ....

d. ....

e. ....

f. ....

g. ....

Mi animal favorito

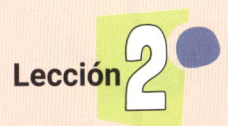

3. 🖊 **Lee las preguntas y contesta.**

insectos ● pescado ● carne ● hierba

a. ¿Qué comen los leones? Los leones ....

b. ¿Qué comen los pingüinos? ....

c. ¿Qué comen los conejos? ....

d. ¿Qué comen las arañas? ....

4. 🖊 **Escribe frases con un elemento de cada columna.**

	delfines		volar
Los	jirafas	saben	nadar
Las	pingüinos	no saben	correr
	monos		saltar
	tigres		andar

a. ....

b. ....

c. ....

d. ....

e. ....

5. 🎧 5 **Escucha y señala con una cruz.**

FAVORITOS	Rubén	Ana	Elena	Chema	Julia
Delfín					
Tigre					
Mono					
Canguro					
Pingüino					

¿Cómo son?

1. Dibuja estos animales y escribe cómo son, dónde viven, qué comen y qué pueden hacer.

EL COCODRILO

LA JIRAFA

2. Completa estos verbos.

	COMER	SABER	PODER
(Yo)	com.............	sé	pued.............
(Tú)	com.............	sab...............	pued.............
(Él/Ella)	com.............	sab...............	pued.............
(Nosotros/as)	com.............	sab...............	pod.............
(Vosotros/as)	com.............	sab...............	pod.............
(Ellos/Ellas)	com.............	sab...............	pued.............

¿Jugamos?

3. 🖊 **Lee las preguntas y contesta con frases completas.**

a. ¿Los elefantes son grandes o pequeños?

....

b. ¿Los leones son carnívoros o herbívoros?

....

c. ¿Dónde viven los canguros?

....

d. ¿Qué comen los pingüinos?

....

e. ¿Cómo se llama la boca de los loros?

....

f. ¿Cómo se llama la nariz de los elefantes?

....

g. ¿Los avestruces pueden volar?

....

h. ¿Los tiburones son peligrosos?

....

i. ¿Los delfines son peces?

....

¿Qué ves ahí?

1. Lee las definiciones y escribe el nombre de los animales en el crucigrama.

a. Es el animal más grande del mundo. Vive en el mar.

b. Es un animal muy grande. Tiene la nariz y las orejas muy grandes. Vive en África y en Asia.

c. Vive en el mar. Es muy inteligente. Sabe saltar y silbar.

d. Es un animal largo y no tiene patas.

e. Es un ave. Sabe volar y come peces.

f. Es grande y gordo. Tiene un cuerno en la nariz.

g. Es muy alta. Tiene el cuello muy largo. Come hojas.

h. Vive en los ríos. Es verde y largo. Tiene los dientes muy grandes.

Crucigrama (letra e.): P E L Í C A N O

2. Ahora, escribe algunos de los textos anteriores junto a sus fotos.

a. El pelícano es un ave. Sabe volar y come peces.

b. ....

c. ....

d. ....

e. ....

Za – zo – zu – ce – ci

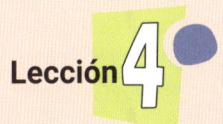

3. Lee el texto de la página 23 del libro y escribe las palabras que tienen:

Za – zo – zu ....

Ce – ci ....

4. Lee y clasifica estas palabras.

manzana • cebra • zorro • cerdo • cinco • zapato • cabeza • lapicero
Zoa • Cito • azul • doce • cenar • marzo

za – zo – zu	ce – ci
....	....
....	....
....	....
....	....
....	....
....	....

5. Completa las palabras con z o c y dibuja. **DIBUJOS LOCOS**

una .....ebra con sombrero

un .....erdo con .....apatos

un .....orro con la.....o

un rino.....eronte a.....ul

1. Lee este texto y escribe el tuyo.

Mi animal favorito es el delfín. Los delfines son muy inteligentes. Pueden comunicarse con sonidos, reconocen a sus compañeros y pueden aprender a imitar a los humanos. Son muy cariñosos.
Viven en el mar, pero no son peces: son mamíferos que viven en el agua. Respiran por un agujero que tienen en la cabeza y comen pescado. Viven en grupos y son muy sociables. Pueden vivir más de 30 años.

AHORA TÚ

Mi animal favorito es...

....

....

....

....

....

....

....

....

....

....

....

PAÍSES QUE HABLAN ESPAÑOL

VENEZUELA

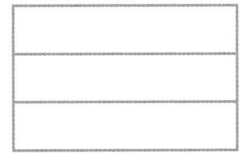

1. Completa y colorea la bandera.

Caracas ● América del Sur ● bosques ● selvas ● serpientes ● ríos
desiertos ● mares ● pumas ● cocodrilos ● monos ● ballenas

Venezuela está en el norte de ....

Su capital es ....

Estos son algunos ecosistemas de Venezuela: .... ,

.... , ... , ... y ....

Y estos algunos animales que viven allí: .... ,

.... , ... , ... y ....

2. Escucha música de Venezuela.

3. Escribe el nombre de las imágenes.

El teleférico de Mérida ● La araña come pájaros ● La catarata del Salto Ángel
El río Orinoco ● El Parque Nacional Canaima ● La arepa

1. 🎧 7 **Escucha y numera.**

2. ✏ **Relaciona y escribe.**

| hojas | semillas y frutos | carne | plátanos |

a. Los monos comen ....

b. ....

c. ....

d. ....

REPASO

3. ✏️ **Elige un animal, coloréalo y escribe sobre él.**

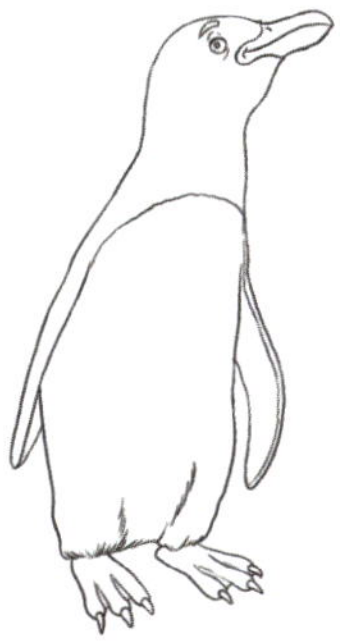

Es un ....

Es ....

Vive en ....

Come ....

Sabe ....

No sabe ....

4. ✏️ **Completa el crucigrama.**

d.

e.

f.

a. C

C
I
E
R
V
O

b.

c.

d.

e.

f.

5. ✏️ **Ahora, escribe una frase con cada palabra del crucigrama.**

a. ....

b. ....

c. ....

d. ....

e. ....

f. ....

Actividad complementaria 10

Nuestro colegio

1. ✏ Observa y completa.

La clase • El gimnasio • El aula de informática
El comedor • La biblioteca • El salón de actos

a. El aula de informática

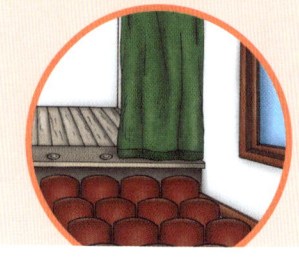

b. ....

c. ....

d. ....

e. ....

f. ....

2. ✏ Lee y escribe en qué lugar del colegio estoy.

a. Aquí hay mesas y sillas. En las paredes hay estanterías con muchos libros. Vengo a leer o a coger libros.

Estoy en la ....

b. Aquí también hay mesas y sillas, pero no para estudiar o leer. Venimos a mediodía a comer y en las mesas hay platos, vasos, cucharas y tenedores.

Estoy ....

c. Aquí hay mucho espacio. Es un lugar grande y no tiene muebles. Puedo correr de un lado a otro, hacer gimnasia y jugar.

....

d. Aquí no hay ventanas. Es un lugar grande y tiene dos partes. En la parte que está más cerca de la puerta hay asientos para el público. Enfrente de los asientos hay un escenario.

....

e. En los colegios hay muchos espacios como este. En todos hay mesas y sillas. En las mesas hay estuches y cuadernos. También hay una mesa para el profesor y una pizarra.

....

Voy a la biblioteca

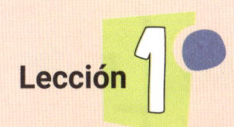

3. ✏ **Observa, completa y contesta a las preguntas.**

a.
¿Adónde vas?

Voy a la biblioteca.

b.
¿Adónde ....?

Vamos ....

c.
¿..............................?

.... al servicio.

d.
¿..........................?

....

e.
¿..........................?

....

4. ✏ **Ahora, escribe adónde van.**

a. Chema va ....

b. Ana y Elena ....

c. ....

d. ....

e. Julia, Chema y Ana ....

5. ✏ **Escribe las formas del verbo _ir_.**

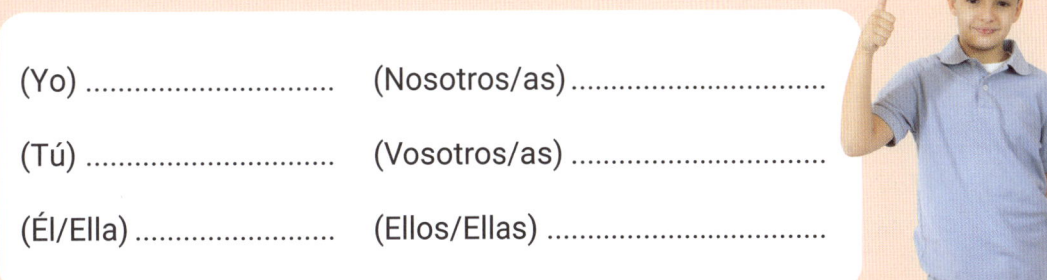

(Yo) ....   (Nosotros/as) ....

(Tú) ....   (Vosotros/as) ....

(Él/Ella) ....   (Ellos/Ellas) ....

Nuestras asignaturas

1. 🎧 8 **Escucha y marca.**

Mi asignatura preferida

	Rubén	Ana	Elena	Chema	Julia
Matemáticas					
Ciencias Sociales					
Ciencias Naturales					
Dibujo					
Lengua					
Informática					
Música					

2. ✏ **Pregunta a tu amigo/a y completa.**

¿Te gusta...? ¿Te gustan...?	A mí		A mi amigo/a	
	SÍ	NO	SÍ	NO
el Español	X		X	
la Música				
las Ciencias Naturales				
las Ciencias Sociales				
el Dibujo				
las Matemáticas				

a. A mí me gusta el Español y a mi amigo también. ....

b. ....

c. ....

d. ....

e. ....

f. ....

¿Qué hora es?

3. Lee qué hora es y dibuja las manecillas.

a. Es la una y cuarto.

b. Son las cinco y cuarto.

c. Son las ocho y cuarto.

d. Es la una menos cuarto.

e. Son las cinco menos cuarto.

f. Son las ocho menos cuarto.

4. Ahora, observa y escribe la hora.

a. ....

b. ....

c. ....

d. ....

e. ....

f. ....

¿A qué hora te levantas?

1. Completa y escribe.

	Yo	Mi amigo/a
... te levantas?	....	....
... desayunas?	....	....
... vas al colegio?	....	....
... comes?	....	....
... vas a tu casa?	....	....
... cenas?	....	....
... te acuestas?	....	....

¿A qué hora...

YO: Los días de colegio me levanto a las ....

....

....

....

....

....

MI AMIGO/A: Los días de colegio .... se levanta a las ....

....

....

....

....

....

En mi tiempo libre

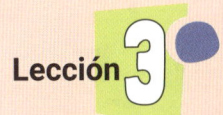

2. 🎧 9 **Escucha y relaciona.**

Daniel

Claudia

Pedro

Sara

Irene

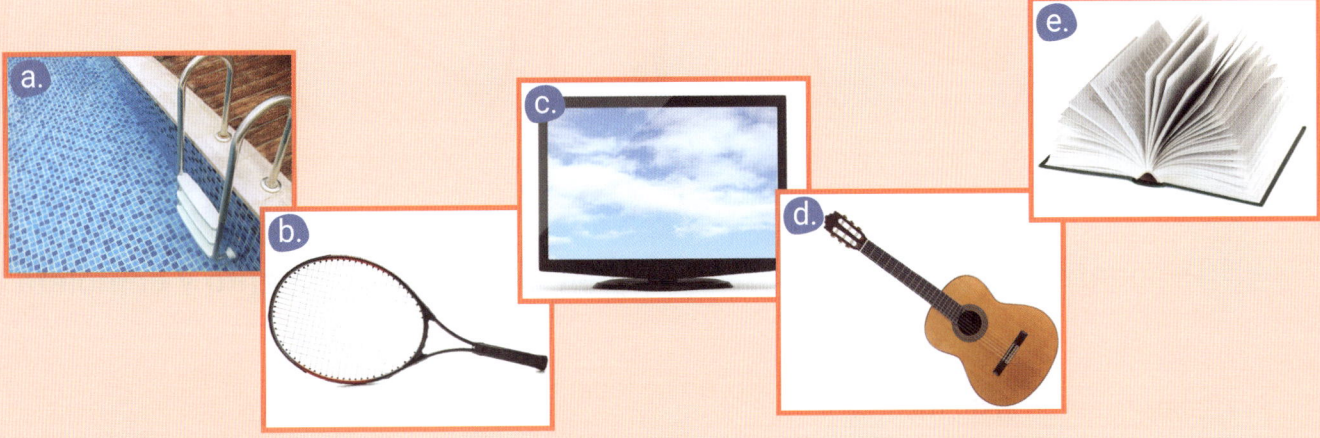

a.

b.

c.

d.

e.

3. ✏️ **Une con flechas y completa con la forma adecuada.**

nadar ● ir ● leer ● cocinar ● cantar ● ir ● hacer ● tocar

a. Los miércoles ....nado......... en la piscina con mi amigo Chema.

b. Los sábados por la tarde .... al cine con mis padres y mis hermanos.

c. Los domingos por la mañana mi padre y yo .... la comida. Mi padre .... muy bien.

d. Todas las tardes .... un rato. Me gusta mucho leer.

e. Los sábados por la mañana .... a casa de Elena. Ella .... la guitarra y yo ....

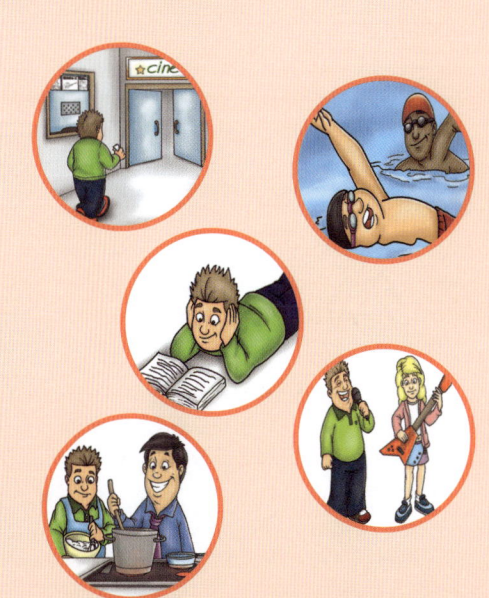

¿Sabes tocar la guitarra?

1. 🖉 **Observa y escribe el nombre de estos instrumentos.**

a. ....

b. ....

c. ....

d. ....

e. ....

f. ....

g. ....

h. ....

i. ....

j. ....

2. 🖉 **Pregunta a tus compañeros/as si saben tocar un instrumento y completa.**

¿Sabes tocar un instrumento?

No, no sé tocar un instrumento.

Sí, yo sé tocar la flauta.

NOMBRE	INSTRUMENTO
....	....
....	....
....	....
....	....

3. 🖉 **Ahora, escribe.**

a. .... sabe tocar ....

b. .... sabe tocar ....

c. .... sabe tocar ....

d. .... sabe tocar ....

Ga – go – gu – gue – gui – güe – güi

4. Lee el texto de la página 35 del libro y escribe las palabras que tienen:

Ga – go – gu ....

Gue – gui ....

Güe – güi ....

5. Lee y clasifica estas palabras.

canguro • águila • guepardo • gorila • cigüeña • gato • pingüino

ga – go – gu	gue – gui	güe – güi
....	....	....
....	....	....
....		

6. Escribe el nombre de estos animales y una frase con cada uno.

a. ....

b. ....

c. ....

d. ....

e. ....

f. ....

a. ....

b. ....

c. ....

d. ....

e. ....

f. ....

YO ESCRIBO EN ESPAÑOL

1. Lee este texto y escribe el tuyo.

Mi colegio se llama Aldebarán. Tiene muchas aulas, una biblioteca, un gimnasio, un comedor, un salón de actos y un patio muy grande. Me gusta mucho ir a la biblioteca. Mi asignatura favorita es Ciencias Naturales. Mi profesora se llama Blanca. Yo como en el colegio. El cocinero se llama Roberto y cocina muy bien. Los días de colegio me levanto a las siete de la mañana y los días que no hay colegio me levanto a las nueve.

AHORA TÚ

Mi colegio...

....

....

....

....

....

....

....

....

....

....

PAÍSES QUE HABLAN ESPAÑOL

PARAGUAY

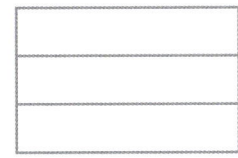

1. 🖊 **Completa y colorea la bandera.**

arpa ● América del Sur ● Paraná ● español ● Paraguay ● Asunción

Paraguay está en el centro de ....

No tiene costa en el mar, pero tiene maravillosas playas en sus

lagos y en los ríos .... y ....

La capital de Paraguay es ....

El instrumento nacional es el .... paraguaya.

Paraguay es un país bilingüe que habla .... y guaraní.

2. 🎧 **Escucha música de Paraguay.**

3. 🖊 **Escribe el nombre de las imágenes.**

Una playa dulce ● El ñandutí ● El arpa paraguaya
La sopa paraguaya ● El tereré ● Asunción

1. Observa el horario escolar de Julia de los lunes y escribe a qué hora tiene cada asignatura.

a. 9:15

b. 10:00

c. 10:45

d. 11:30

e. 12:45

a. A las nueve y cuarto tiene Matemáticas.

b. ....

c. ....

d. ....

e. ....

2. Lee y completa la agenda de Elena.

Mis días preferidos después del colegio son los miércoles y los sábados, porque tengo clase de guitarra. ¡Me encanta tocar la guitarra!

Los martes y los jueves por la tarde hago los deberes. Los lunes leo. Los viernes escribo canciones y los domingos monto en bici.

Lunes: .... leer ....

Martes: ....

Miércoles: ....

Jueves: ....

Viernes: ....

Sábado: ....

Domingo: ....

3. Ahora, completa tu agenda y escribe.

¿Qué haces tú?

Lunes: ....

Martes: ....

Miércoles: ....

Jueves: ....

Viernes: ....

Sábado: ....

Domingo: ....

Mis días preferidos son ....

....

....

....

....

....

....

REPASO

4. 🎧 11 **Escucha y une con flechas de colores.**

Lunes   **Martes**   **Miércoles**   **Jueves**

Viernes   **Sábado**   **Domingo**

5. ✏️ **Escribe qué dice Chema.**

a. Los lunes por la tarde hago los deberes.

b. Los martes ....

c. Los miércoles ....

d. ....

e. ....

f. ....

g. ....

6. ✏️ **Observa y escribe la hora.**

a. Son las ocho y media.

b. ....

c. ....

d. ....

e. ....

f. ....

Cosas de casa

1. 🎧 **12 Escucha, dibuja y colorea los muebles.**

2. ✏️ **Ahora, describe el dibujo anterior.**

....

....

....

....

....

....

....

....

¿Qué habitación es?

¿Qué hay?

La casa de Julia

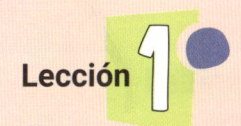

3. 🖉 **Escribe el nombre de los lugares.**

a. El cuarto de baño

b. ....

c. ....

d. ....

e. ....

f. ....

4. 🔍 **Observa la casa de Julia de la página 41 del libro y marca dónde están estos muebles.**

	Cocina	Salón comedor	Cuarto de baño	Dormitorio
El sofá		X		
El frigorífico				
La bañera				
La cama				
La silla				
La televisión				
La lavadora				
El sillón				
El lavabo				
La estantería				
El cuadro				
El armario				

La casa de Chema

1. 💬 **Pregunta a tres compañeros/as cómo es su casa y escribe.**

¿Cuántos dormitorios tiene tu casa?

¿Vives en un chalé o en un piso?

¿Tu casa tiene garaje?

¿Tu casa tiene jardín?

¿Tu casa tiene terraza?

	NOMBRE	Chalé o piso	N.º dormitorios	Jardín	Terraza	Garaje
a.						
b.						
c.						

a. .... vive en .... Su casa tiene ....

....

b. ....

....

c. ....

....

2. ✏️ **Escribe con letra.**

1.º ....

2.º ....

3.º ....

4.º ....

5.º ....

6.º ....

7.º ....

8.º ....

9.º ....

Me lavo y me peino

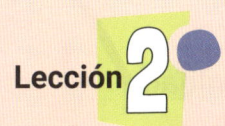

3. 🖉 **Observa y escribe.**

¿DÓNDE ESTÁ?

a. Él está en el dormitorio. ....

b. ....

c. ....

d. ....

e. ....

f. ....

g. ....

h. ....

i. ....

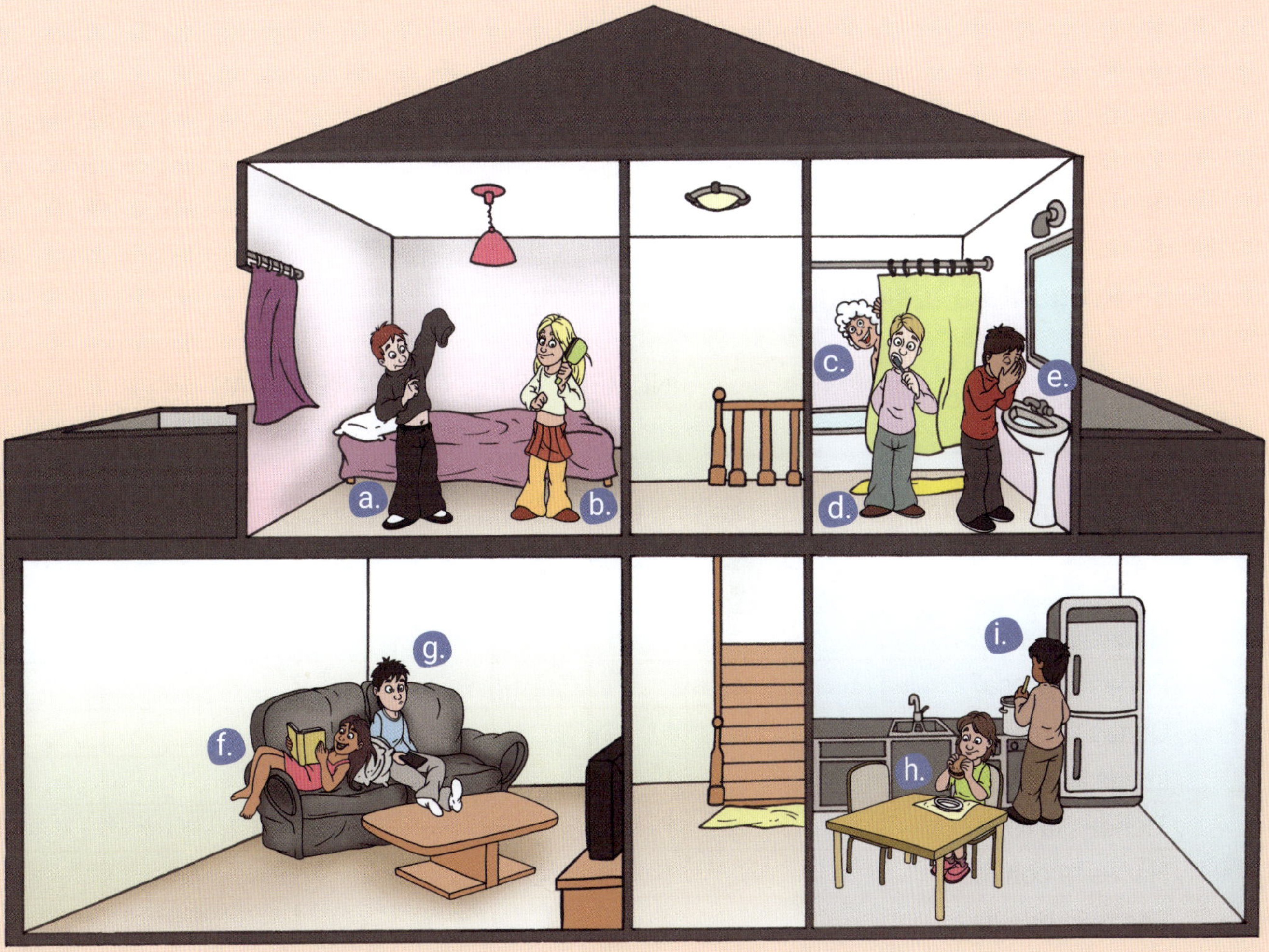

¿QUÉ HACE?

Él se viste. ....

....

....

....

....

....

....

....

....

Compartimos tareas

1. ✏ Lee y contesta.

a. ¿Dónde está Ana?

Ana está en el dormitorio.

b. ¿Qué hace Ana?

....

c. ¿Dónde está Chema?

....

d. ¿Qué hace Chema?

....

e. ¿Dónde está Rubén?

....

f. ¿Qué hace Rubén?

....

g. ¿Dónde está Elena?

....

h. ¿Qué hace Elena?

....

2. 💬 Pregunta a tus compañeros/as y completa.

¿Limpias el polvo?

¿Con qué frecuencia?

	NOMBRE DE MIS COMPAÑEROS/AS								
	Siempre	A veces	Nunca	Siempre	A veces	Nunca	Siempre	A veces	Nunca
¿Haces la cama?									
¿Pones la mesa?									
¿Quitas la mesa?									
¿Lavas los platos?									
¿Tiendes la ropa?									
¿Haces la comida?									
¿Sacas la basura?									

¿Qué hay para comer?

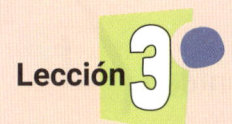

3. Observa y une con flechas de colores.

ensalada • sopa • espaguetis • *pizza* • patatas fritas • hamburguesa

pollo • tortilla • helado • tarta

4. Escribe las formas de los verbos *querer* y *preferir*.

(Yo) ....quiero....... ......prefiero...... (Nosotros/as) ....

(Tú) .... (Vosotros/as) ....

(Él/Ella) .... (Ellos/Ellas) ....

5. [13] Escucha qué quieren comer Ana y su familia y escríbelo.

	Ana	Rubén	Pablo	Laura	Ángel
espaguetis					
hamburguesa					
pollo					
pizza					

a. Ana quiere ....

b. Rubén ....

c. Pablo ....

d. Laura y Ángel ....

¿Te gustan las judías?

1. 🎲 **Juega con tus compañeros/as.**

EL COMEBINGO

manzana	galletas	jamón	uvas
queso	lechuga	zanahoria	zumo
azúcar	melón	agua	mermelada

2. ✏️ **Lee las preguntas y contesta.**

a. ¿Qué frutas te gustan? ....

b. ¿Qué verduras te gustan? ....

3. 🎧14 **Escucha, señala y completa.**

¿Qué quieren comer los monstruos?

b. Yo prefiero ....

a.

Yo quiero ....
....
....
....
....

c.

A mí me gusta

comer ....

....

....

....

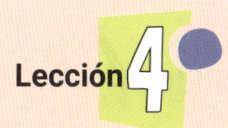
4. Lee el texto de la página 47 del libro y escribe las palabras que tienen:

Ja – je – ji – jo – ju ....

....

Ge – gi ....

....

5. Lee y clasifica estas palabras.

naranja colegio	**ja – je – ji – jo – ju**	**ge – gi**
jamón judías garaje		
Geografía hijo ajo		
jardín Tecnología		
jirafa gimnasio		
Religión jueves Julia		

6. Escribe el nombre que corresponde a cada foto y una frase.

a. ....

....

b. ....

....

c. ....

....

d. ....

....

e. ....

....

YO ESCRIBO EN ESPAÑOL

1. Lee este texto y escribe el tuyo.

> Hola, soy Chema. Vivo en un piso pequeño, pero muy bonito. Está en la tercera planta. Mi casa tiene tres dormitorios y un cuarto de baño. No tiene garaje ni jardín, pero tiene una terraza. En mi dormitorio hay una cama, un armario, una mesa y una silla. También hay una estantería con mis libros y mis juguetes.
>
> Me gusta colaborar en las tareas de casa: siempre pongo y quito la mesa, siempre hago mi cama y a veces saco la basura. A veces también ayudo a mi padre a hacer la cena. Mi cena favorita es la tortilla española con ensalada.

AHORA TÚ

Hola, soy...   Vivo en...

....

....

....

....

....

....

....

....

....

....

COLOMBIA

1. ✏️ **Completa y colorea la bandera.**

América del Sur ● sancocho ● cumbia ● Bogotá ● café

Colombia está en el norte de ....

La capital de Colombia es ....

El .... es una sopa típica de Colombia.

El .... colombiano es conocido en todo el mundo.

El baile tradicional de Colombia es la ....

2. 🎧 15 **Escucha música de Colombia.**

3. ✏️ **Escribe el nombre de estas imágenes.**

La cumbia ● Cartagena de Indias ● El cóndor de los Andes
Guatapé con sus casas de colores ● El sancocho ● El café

REPASO

1. 🎧 16 **Escucha y numera.**

2. 📖 **Lee y escribe el nombre de las habitaciones.**

Este es el plano de la casa de Ana y Rubén. En la planta de abajo hay un salón, una cocina, un cuarto de baño y una terraza. La habitación más grande es el salón. Al lado del salón está la cocina. El cuarto de baño está entre la cocina y la terraza.

En la planta de arriba hay tres dormitorios, un cuarto de baño y otra terraza. La habitación más grande es el dormitorio de sus padres. El cuarto de baño está entre el dormitorio de los padres y el dormitorio de Rubén y Pablo. El dormitorio de Ana está al lado del dormitorio de Rubén y Pablo.

Planta de abajo

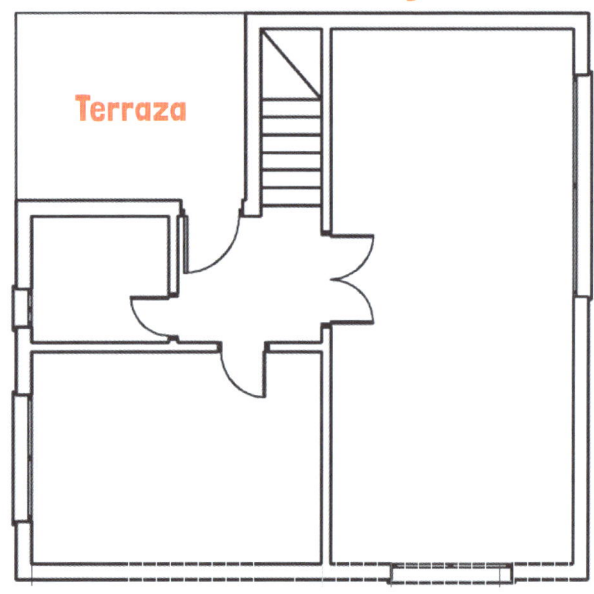

Terraza

Planta de arriba

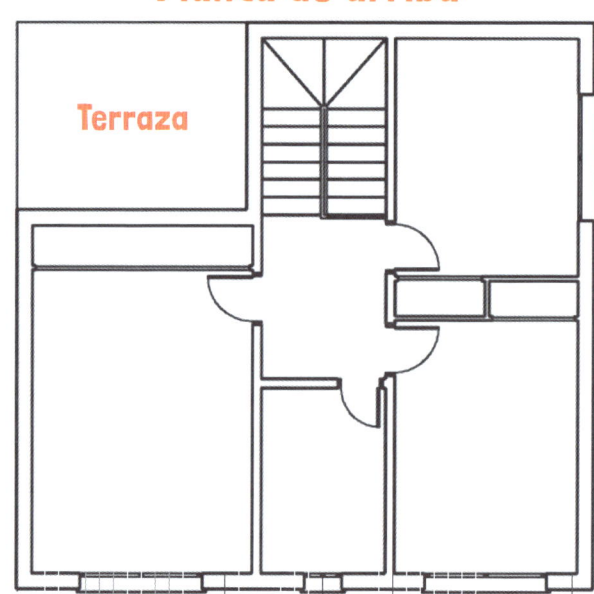

Terraza

3. Escucha y marca.

¿Qué les gusta hacer?

	Elena	Rubén	Julia	Chema	Ana
Ver la tele					
Poner la mesa					
Planchar la ropa					
Pasar el aspirador					
Tender la ropa					
Tocar la guitarra					
Dibujar					
Leer					

4. Completa con *gusta* o *gustan*.

a. Me .... el queso.

b. No me .... los tomates.

c. ¿Te .... las lentejas?

d. Me .... los espaguetis.

e. No me .... la ensalada.

f. Me .... las galletas.

5. Escribe las formas de los verbos reflexivos *peinarse* y *bañarse*.

(Yo) ....me peino.......... ....me baño..........

(Tú) ....

(Él/Ella) ....

(Nosotros/as) ....

(Vosotros/as) ....

(Ellos/Ellas) ....

6. Sigue el orden y completa.

Primero – .... – .... – cuarto – .... – .... – séptimo.

Nuestro barrio

1. ✏️ **Observa, busca las palabras y escribe.**

S	U	P	E	R	M	E	R	C	A	D	O
K	O	O	P	E	L	P	M	A	R	V	B
A	S	H	O	S	P	I	T	A	L	O	I
M	G	O	D	T	V	T	A	R	B	E	B
M	I	T	F	A	E	U	M	I	C	A	L
P	A	E	M	U	L	A	U	R	O	D	I
R	O	L	Y	R	B	E	S	H	R	Z	O
A	U	R	P	A	D	A	N	I	R	J	T
O	M	B	A	N	C	O	O	J	E	D	E
C	A	M	B	T	T	E	R	E	O	S	C
R	I	G	L	E	S	I	A	A	S	B	A

a. .... Supermercado

f. ....

b. ....

e. ....

g. ....

c. ....

d. ....

h. ....

2. 🎧 18 **Escucha y numera.**

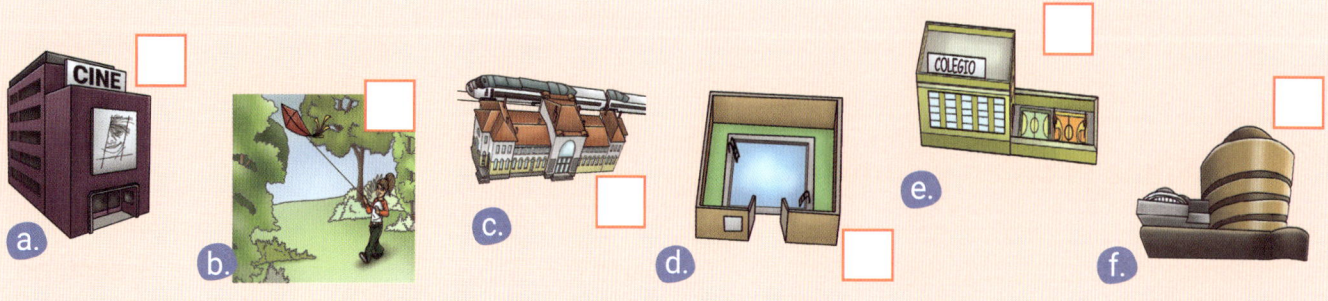

a. ☐   b. ☐   c. ☐   d. ☐   e. ☐   f. ☐

¿Dónde está el colegio?

3. Lee y escribe el nombre de los lugares en blanco.

a. Hay un **colegio** en la calle Mayor. Está enfrente de la farmacia.

b. Hay una **librería**. Está entre el colegio y el parque.

c. Hay una **parada de autobús**. Está enfrente de la estación.

d. Hay una **heladería**. Está al lado de la tienda de juguetes.

e. Hay una **tienda de golosinas** en la avenida de América. Está al lado de la zapatería.

f. Hay un **hotel** en la avenida de América. Está enfrente del supermercado.

4. Ahora, observa el plano y contesta.

a. ¿Dónde está la tienda de juguetes?

....

b. ¿Dónde está el hospital?

....

c. ¿Dónde está la farmacia?

....

d. ¿Dónde está la piscina?

....

e. ¿Dónde hay una parada de autobús?

....

Unidad 5

¿Cómo puedo ir?

1. ✎ **Observa el plano y contesta a las preguntas.**

> Yo estoy en el colegio.

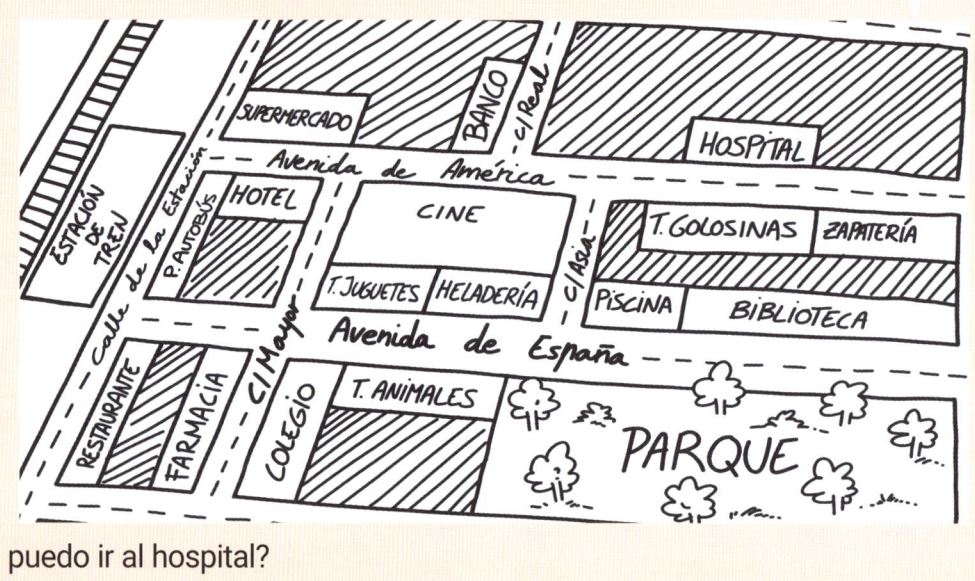

a. ¿Cómo puedo ir al hospital?

....

b. ¿Cómo puedo ir a la estación de tren?

....

c. ¿Cómo puedo ir al supermercado?

....

2. ✎ **Lee y escribe dónde estoy.**

a. Es un lugar para hacer deporte. ....

b. Es un lugar para leer libros. ....

c. Es un lugar para ver películas. ....

d. Es un lugar para jugar y pasear. ....

3. ✎ **Lee y escribe con números o con letra.**

a. Veinticinco: ....

b. Cincuenta y dos: ....

c. Cuarenta y nueve: ....

d. Setenta y cinco: ....

e. 27: ....

f. 34: ....

g. 68: ....

h. 91: ....

De compras

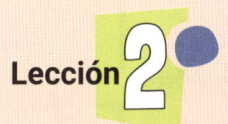

4. 🖊 **Lee y contesta.**

a. ¿Dónde puedo comprar un cómic? .... En el kiosco. ....

b. ¿Dónde puedo comprar carne? ....

c. ¿Dónde puedo comprar pescado? ....

d. ¿Dónde puedo comprar unos zapatos? ....

e. ¿Dónde puedo comer? ....

f. ¿Dónde venden pan? ....

g. ¿Dónde venden tomates? ....

5. 🖊 **Completa las preguntas y relaciona.**

¿Cuánto cuesta...?   ¿Cuánto cuestan...?

a. ¿....... Cuánto cuestan .... los helados?

b. ¿............................... este libro?

c. ¿............................... el balón?

d. ¿............................... los plátanos?

e. ¿............................... los patines?

f. ¿............................... una hamburguesa?

6. 🖊 **Escribe las formas de los verbos _comprar_, _vender_ y _querer_.**

(Yo) ...compro... ...vendo... ...quiero...   (Nosotros/as) ....

(Tú) ....   (Vosotros/as) ....

(Él/Ella) ....   (Ellos/Ellas) ....

¿Jugamos?

1. Lee y clasifica dónde venden estas cosas.

filetes ● abrigo ● libro ● patines ● fresas ● balón ● mesa ● falda ● peras ● pantalón
salchichas ● cuaderno ● lámpara ● muñeca ● armario ● uvas ● diccionario ● jamón

Carnicería	Tienda de juguetes	Librería
filetes		

Tienda de ropa	Frutería	Tienda de muebles

2. Escribe qué puedes hacer en estos lugares.

a. Un parque: ....

b. Un restaurante: ....

c. Correos: ....

d. Una librería: ....

e. Un hospital: ....

f. Una farmacia: ....

g. Un banco: ....

h. Una biblioteca: ....

i. Una piscina: ....

Medios de transporte

 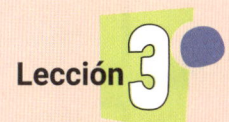

3. ✏ **Observa y escribe.**

tren ● autobús ● coche ● taxi ● moto ● bicicleta
camión ● metro ● furgoneta ● avión ● barco

a. ....

b. ....

c. ....

d. ....

e. ....

f. ....

g. ....

h. ....

i. ....

j. ....

k. ....

4. ✏ **Lee y escribe qué medio de transporte es.**

a. Es muy grande. Es naranja y blanco. Tiene muchas ruedas. .....Es el camión.......................

b. Es azul. Es pequeña. Tiene dos ruedas. .....Es la...

c. Es azul. Es más grande que la furgoneta. Tiene cuatro ruedas. .....Es el.........................

d. Es amarilla. Tiene cuatro ruedas y es más grande que un coche. .....Es la.........................

5. ✏ **Completa con *en* o con *a*.**

Ir .... coche.   Ir .... autobús.   Ir .... pie.

¿Cómo vas?

1. 🎧 |19| **Escucha, une con flechas y escribe.**

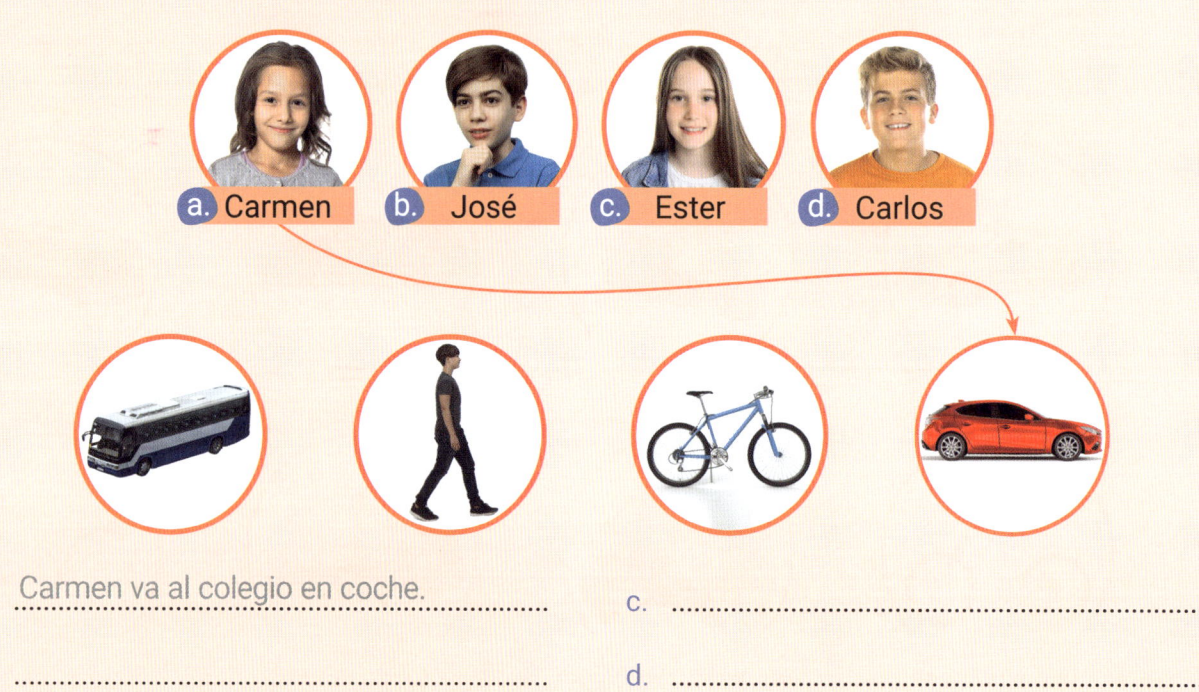

a. Carmen   b. José   c. Ester   d. Carlos

a. Carmen va al colegio en coche. ....

c. ....

b. ....

d. ....

2. ✏️ **Ahora, escribe cómo vas tú al colegio y dibújalo.**

Yo ....

....

3. ✏️ **Lee y contesta con frases completas.**

a. ¿Hay metro en tu ciudad? ....

b. ¿Hay estación de tren en tu ciudad? ....

c. ¿Hay aeropuerto en tu ciudad? ....

d. ¿Cómo vas de tu casa a casa de tus abuelos? ....

e. ¿Cómo viajas a otro país? ....

f. ¿Cómo cruzas la calle? ....

g. ¿Cómo cruzas el mar? ....

La letra *h*

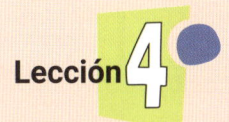

4. ✏ Copia las palabras con *h* del texto de Henar y sus hermanos de la página 59 de tu libro.

....

....

5. ✏ Lee y completa las frases con estas palabras.

a. Quiero viajar en ....

b. Me encantan los .... fritos con patatas.

c. ¿Qué .... te gusta?

d. Los .... viven en los ríos.

huevos

helicóptero

hipopótamo

helado

⚠ **¡Recuerda!**

La letra *h* en español es muda.

Pero cuando va detrás de la *c*, juntas tienen su propio sonido: *cha, che, chi...*

6. 🎧20 Escucha y repite.

chocolate

leche

coche

ducha

mochila

7. ✏ Escribe frases con estas palabras.

a. peluche: ....

b. chica: ....

c. Pinocho: ....

d. ocho: ....

1. Lee este texto y escribe el tuyo.

Mi barrio está en Madrid. No tiene metro ni estación de tren, pero tiene dos paradas de autobús. Mi casa está enfrente de un parque y al lado de una farmacia. Y muy cerca hay un polideportivo y una piscina municipal. Al final de mi calle hay un mercado con muchas tiendas.
Nosotros siempre utilizamos el transporte público: el autobús, el tren, el metro... Es más ecológico y contamina menos. También utilizamos la bicicleta y nos gusta caminar.

AHORA TÚ

Mi barrio...

PAÍSES QUE HABLAN ESPAÑOL

ARGENTINA

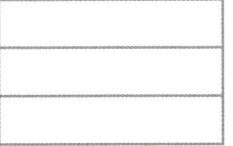

1. 🖊 **Completa y colorea la bandera.**

Buenos Aires ● tango ● Rosada ● barrio ● tiendas ● América del Sur ● Mayo

Argentina está en ....

Su capital es ....

Allí está la plaza de .... , la Casa .... y

el .... de La Boca, con alegres casas de colores

y la calle Caminito con .... de artesanía.

El baile más conocido de Argentina es el ....

2. 🎧 |21| **Escucha música de Argentina.**

3. 🖊 **Escribe el nombre de las imágenes.**

El glaciar Perito Moreno ● El mate ● Las empanadas
El tango ● El barrio de La Boca ● Las cataratas del Iguazú

REPASO

1. 🎧 22 **Escucha y señala el plano correcto.**

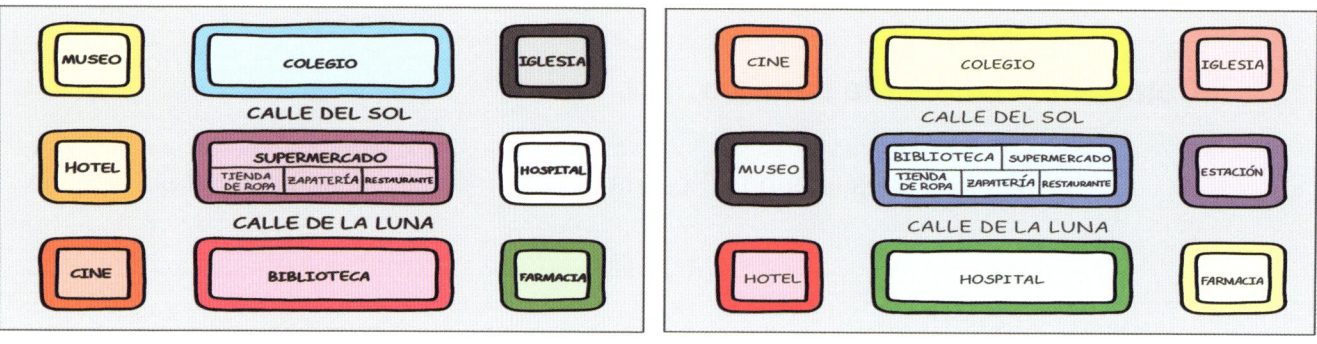

| | Plano 1 ☐ | | Plano 2 ☐ |

2. ✏️ **Observa el plano 1 del ejercicio anterior y contesta.**

a. ¿Dónde está el supermercado? .....Enfrente del colegio.....

b. ¿Dónde está la zapatería? .....Entre.....

c. ¿El colegio está en la calle de la Luna? ....

d. ¿Dónde está la farmacia? ....

e. ¿Hay un restaurante? ....

f. ¿Dónde está la biblioteca? ....

3. ✏️ **Contesta y relaciona.**

a. ¿Qué venden en una heladería? .....Helados.....

b. ¿Qué venden en una panadería? ....

c. ¿Qué venden en una frutería? ....

d. ¿Qué venden en una carnicería? ....

e. ¿Qué venden en una pescadería? ....

f. ¿Qué venden en una zapatería? ....

g. ¿Qué venden en una librería? ....

4. Lee y contesta.

Menú	Precio
Hamburguesa	10,25 €
Pollo con patatas	12,10 €
Huevos con patatas	8,70 €
Pescado con verduras	10,60 €
Espaguetis	8,80 €
Manzana	1,30 €
Naranja	1,30 €
Melón	1,10 €
Helado	2,20 €
Pasteles	2,80 €
Agua	2,60 €
Zumo de naranja	3,50 €
Refresco de cola	4,80 €

¿Qué quieren comer?

¿Cuánto cuesta su comida?

a. Julia quiere una hamburguesa, un refresco de cola y un helado.
Su comida cuesta 17,25 euros.

b. ....

c. ....

5. Lee y dibuja.

Con h

huevos   hamburguesa

helado   hielo

Con ch

chocolate   leche

ocho   peluche

¿Cómo estás?

1. Une los dibujos con las frases.

Estoy cansado ● Estoy contenta ● Estoy triste

Estoy enfadada ● Estoy aburrido ● Estoy enferma

2. Ahora, escribe las preguntas y las respuestas del ejercicio 1.

a. ....¿Qué le pasa a Zoa?.... ....Zoa está contenta.....

b. ....

c. ....

d. ....

e. ....

f. ....

3. Escribe el femenino de estos adjetivos.

a. cansado – ....   d. aburrido – ....

b. enfadado – ....   e. contento – ....

c. triste – ....   f. enfermo – ....

Tengo hambre

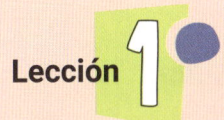

4. 🎧 **23** **Escucha y numera.**

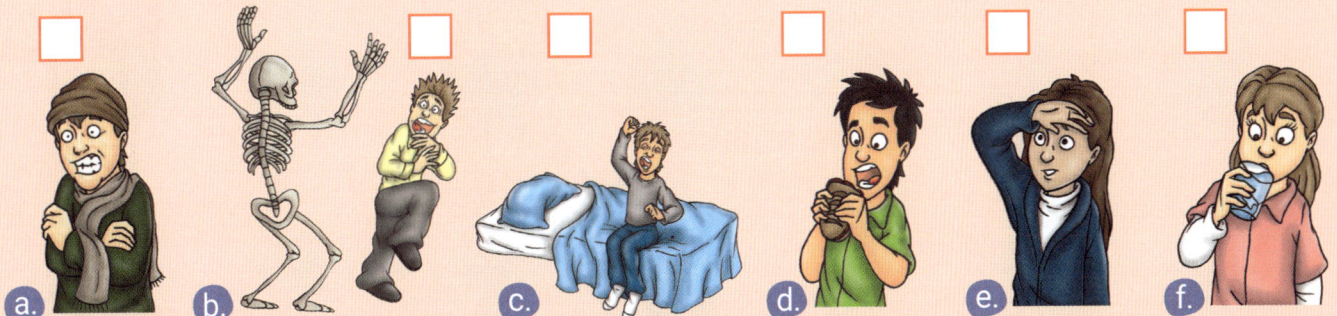

a. ☐   b. ☐   ☐   c. ☐   d. ☐   e. ☐   f. ☐

5. ✏️ **Une con flechas y escribe frases correctas.**

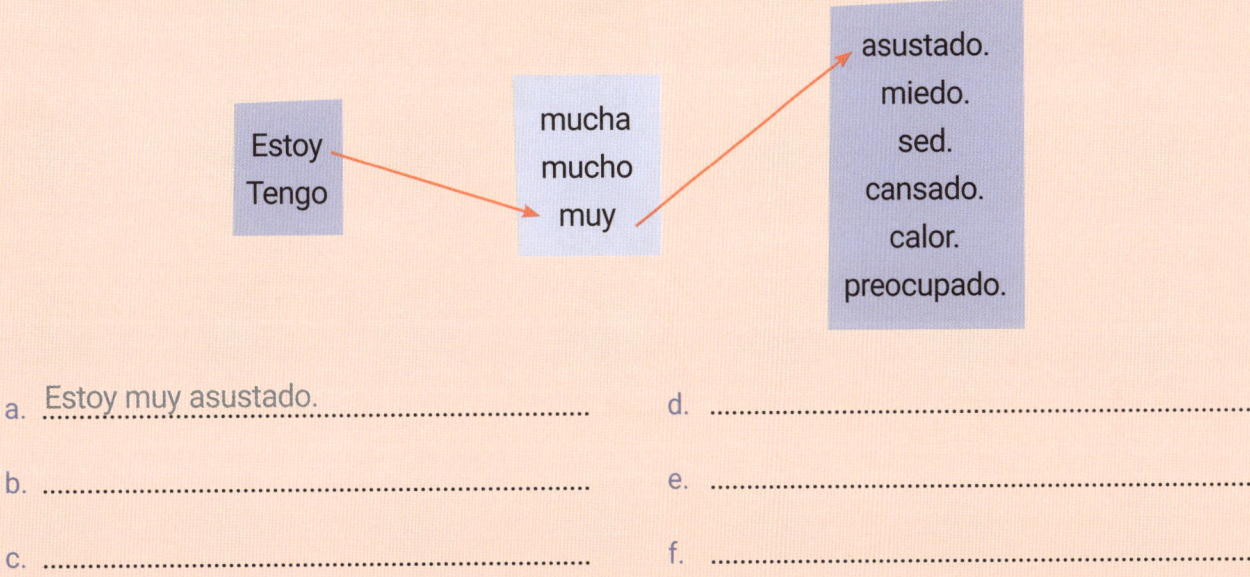

Estoy	mucha	asustado.
Tengo	mucho	miedo.
	muy	sed.
		cansado.
		calor.
		preocupado.

a. Estoy muy asustado. ....

b. ....

c. ....

d. ....

e. ....

f. ....

6. ✏️ **Completa con las formas correctas de los verbos _tener_ y _estar_.**

a. Nosotros .... hambre.

b. Ella .... enfadada.

c. Él .... enfermo.

d. Él .... tos.

e. Vosotros .... calor.

f. Yo .... sed.

g. Tú .... frío.

h. Ellos .... miedo.

i. Ella .... fiebre.

j. Vosotros .... contentos.

k. Nosotros .... cansados.

l. Él .... sueño.

Unidad **6**

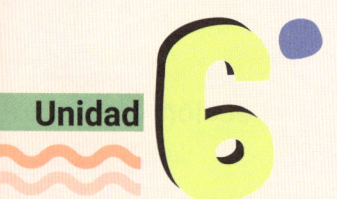

Me duele la garganta

1. Une con flechas y completa las frases.

a. Me duele

b. Me duele

c. Me duelen

d. Me duelen

e. Tengo

f. Tengo

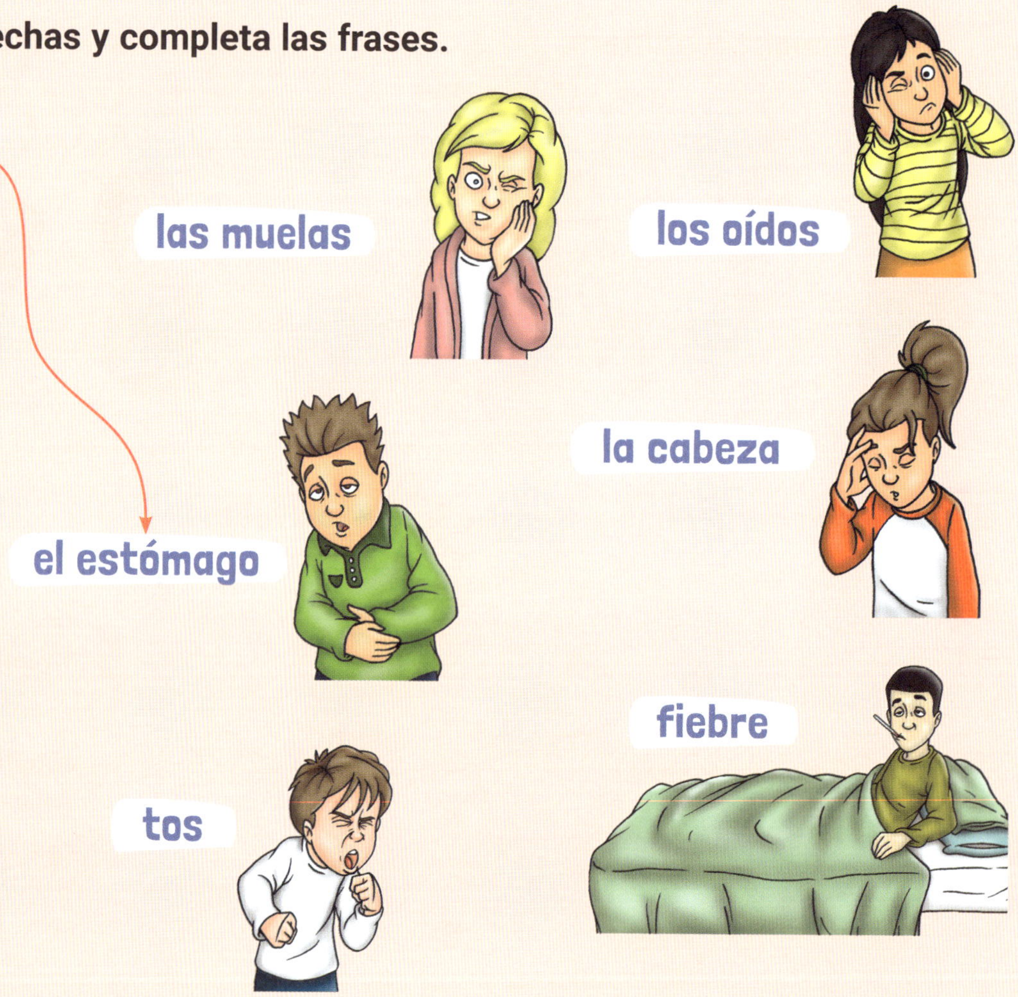

las muelas
los oídos
la cabeza
el estómago
fiebre
tos

a. Me duele el estómago.

b. ....

c. ....

d. ....

e. ....

f. ....

2. 24 Escucha y numera.

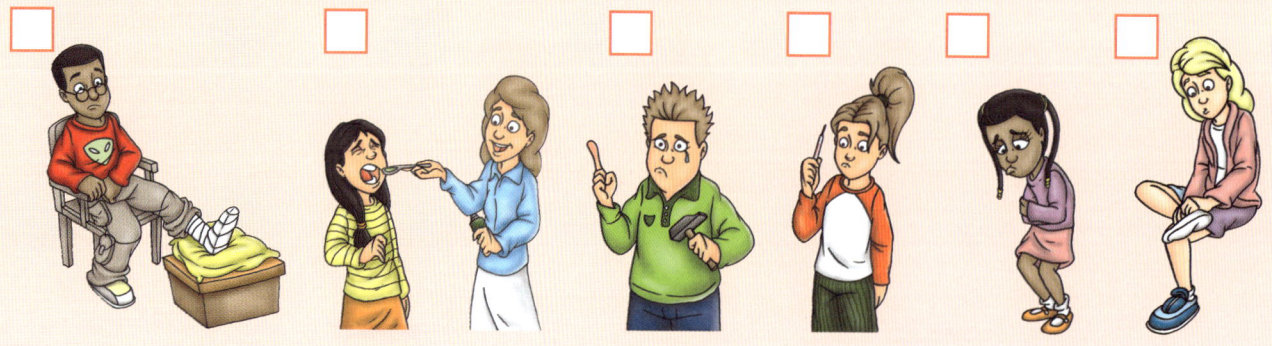

Me duelen las muelas

 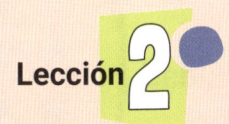

3. 🖉 **Observa los dibujos del ejercicio 2, pregunta y contesta.**

a. ¿Qué le pasa a Chema? ....

A Chema le duele el pie. ....

b. ....

....

c. ....

....

d. ....

....

e. ....

....

f. ....

....

4. 🖉 **Clasifica estas palabras.**

las manos	**Me duele**	**Me duelen**
la nariz		
el codo		
las rodillas	....	....
un diente		
las muelas	....	....
los pies		
el dedo	....	....
la cabeza		
los oídos	....	....

¿Qué tiempo hace?

1. 🔍 **Mira el ejercicio 2 de la página 68 del libro y contesta.**

a. ¿Qué tiempo hace en La Coruña?   En La Coruña llueve.
....

b. ¿Qué tiempo hace en Bilbao?   ....

c. ¿Qué tiempo hace en Huesca?   ....

d. ¿Qué tiempo hace en Madrid?   ....

e. ¿Qué tiempo hace en Barcelona?   ....

f. ¿Qué tiempo hace en Canarias?   ....

g. ¿Qué tiempo hace en Granada?   ....

h. ¿Qué tiempo hace en Valencia?   ....

i. ¿Qué tiempo hace en Almería?   ....

2. 🔍 **Observa los dibujos y escribe.**

a. Cuando hace calor, como helados.
....

b. Cuando ...., me pongo ....

c. Cuando está ...., abro el paraguas.

d. Cuando ...., cierro ....

e. ....

f. ....

Las estaciones del año

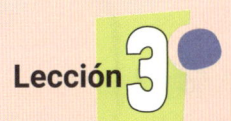

3. ✏️ **Observa y completa las estaciones del año.**

4. ✏️ **Lee y escribe el texto completo.**

En España, en primavera ☁️. Hace sol y hay muchas flores.

En verano ☀️. En otoño 🌳 y ☔. En invierno 🌳 y ⛄.

En España, en primavera hace buen tiempo. Hace sol y

....

....

....

5. ✏️ **Clasifica estas palabras.**

primavera	lunes	viento	verano	frío	jueves	calor	noviembre
domingo	marzo	otoño	julio	sábado	invierno	febrero	tormenta

Estaciones	Meses	Días de la semana	Tiempo
....	....	....	....
....	....	....	....
....	....	....	....
....	....	....	....

Contamos

1. 🔍 **Observa y completa.**

Estoy triste. ● Tengo miedo. ● Tengo calor. ● Estamos contentos.
Estoy cansada, pero contenta. ● Me duele el estómago. ● Tengo sed.

En el parque de atracciones

Estamos contentos.

2. ✏️ **Escribe estos números con letra.**

a. 115: ....

b. 340: ....

c. 760: ....

d. 511: ....

e. 650: ....

f. 1300: ....

g. 2430: ....

h. 3019: ....

La letra r

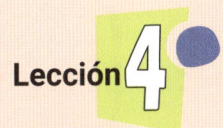

3. Lee el trabalenguas de la página 71 del libro y escribe las palabras con el sonido fuerte de la *r*.

....

4. Lee *El rincón de los sonidos* de la página 71 del libro y escribe las palabras con el sonido suave de la *r*.

....

5. Clasifica estas palabras.

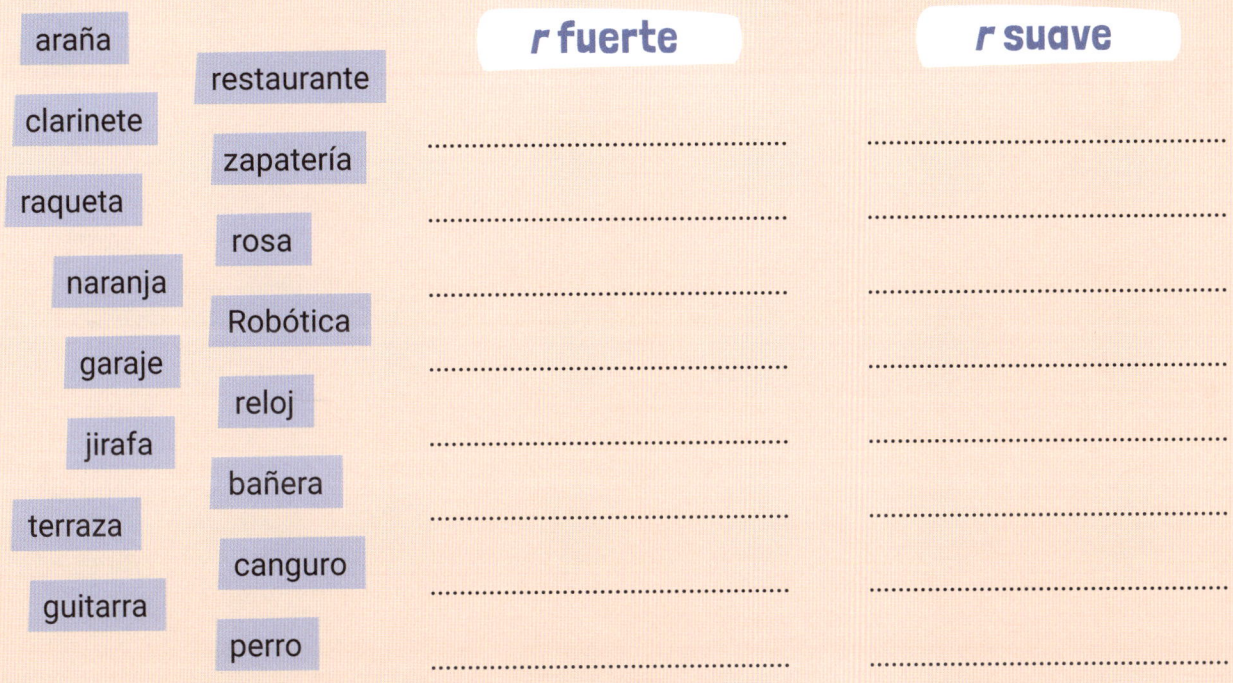

araña
restaurante
clarinete
zapatería
raqueta
rosa
naranja
Robótica
garaje
reloj
jirafa
bañera
terraza
canguro
guitarra
perro

r fuerte	*r* suave

6. Escribe una frase con *r* fuerte y dibújala.

....

7. Escribe una frase con *r* suave y dibújala.

....

1. Lee este texto y escribe el tuyo.

> Hoy estoy muy contenta porque es sábado y vamos a comer a casa de mis abuelos. Mi abuela es muy divertida y cocina muy bien. Siempre tengo hambre cuando voy a su casa. Y cuando estoy enferma o me duele la garganta, me cuida mucho y es muy cariñosa. Hoy hace buen tiempo. Estamos en el mes de junio, es primavera, casi verano. Hace sol y calor, así que por la tarde vamos a ir al parque. A mi abuelo y a mí nos gusta jugar a la petanca. Casi siempre gana él, ja, ja, ja...

AHORA TÚ

Hoy estoy...

PAÍSES QUE HABLAN ESPAÑOL

PANAMÁ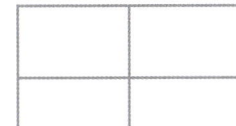

1. 🖊 **Completa y colorea la bandera.**

marzo ● América Central ● tropical ● calor ● estaciones ● enero y febrero ● alegría

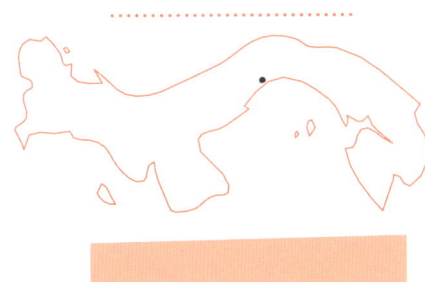

Panamá une .... con América del Sur. Está

en la zona .... Tiene dos .... : una

más lluviosa y otra más seca. Pero siempre hace ....

En Panamá, el colegio empieza en .... y las vacaciones

son en ....

El tambor de la .... es una canción panameña muy conocida.

2. 🎧 **25** **Escucha música de Panamá.**

3. 🖊 **Escribe el nombre de las imágenes.**

Ciudad de Panamá ● El canal de Panamá ● Frutas tropicales
El lago Gatún ● El tucán ● La ballena

REPASO

1. Completa con *mucho/a* o *muy*.

a. Tengo .... frío.

b. Estoy .... enfadado.

c. Estoy .... cansada.

d. Tengo .... sed.

e. Tengo .... miedo.

f. Estoy .... contenta.

2. Escribe cómo te sientes.

a. Cuando es tu cumpleaños. ....

b. Cuando corres en una maratón. ....

c. A la hora de comer. ....

d. Cuando estás solo. ....

e. Cuando ves una serpiente. ....

f. Cuando quieres beber agua. ....

3. Lee y dibuja.

Dibujos locos

a. Hace mucho calor. Una niña lleva un gorro, bufanda y guantes.

b. Está nevando. Un niño lleva bañador y come un helado.

c. Un perro verde al lado de un árbol rosa, azul y morado.

4. 26 **Escucha y completa.**

Me duele la cabeza.

a.

b.

c.

d.

5. **Lee y dibuja.**

Claudia y Daniel están en el campo. Claudia lleva un pantalón azul y una camiseta naranja. Daniel lleva un pantalón verde y una camiseta amarilla.

Es primavera. Hay un árbol y muchas flores amarillas, moradas y rosas. Hace sol y el cielo está azul.

Claudia vuela una cometa roja y verde. Daniel tiene un balón blanco y negro.

Actividad complementaria 30

El mundo digital de *La pandilla*

Materiales disponibles para cada unidad

Actividades complementarias imprimibles para cada lección

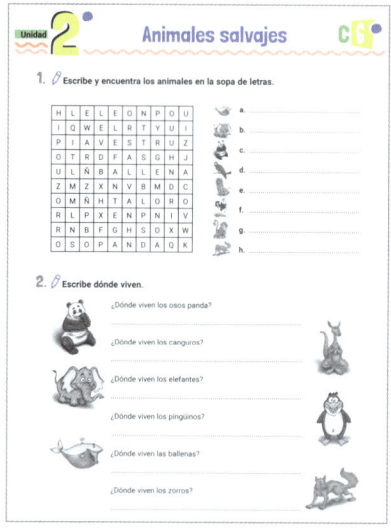

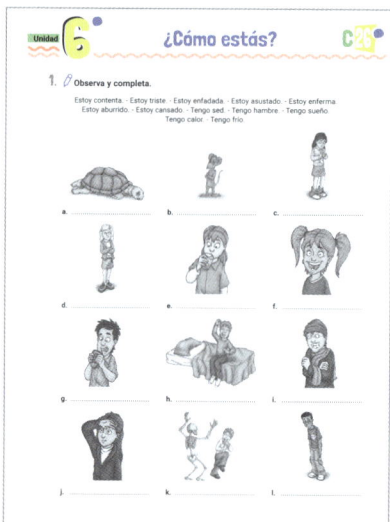

Numerosas actividades digitales de diversa tipología

Audios descargables: diálogos y canciones

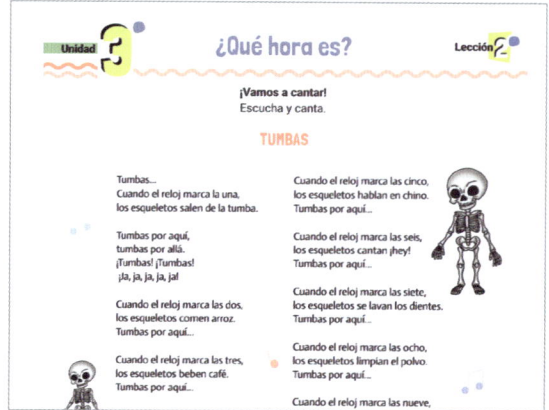

Tarjetas y cartas de vocabulario

Diplomas y juegos

En cada unidad encontrarás dos insignias para hacer un taller

Otros materiales para el profesor en la web

Guía didáctica general	**Para cada unidad**
Banco de ideas	• Evaluación
Hoja de observación individual y evaluación	• Orientaciones didácticas
	• Plan de trabajo

 Pistas

UNIDAD 1 Somos la pandilla

Pista 1 ¿De dónde eres?
Pista 2 ¿Quién es?
Pista 3 Música de Perú
Pista 4 Repaso: ¿dónde y con quién viven?

UNIDAD 2 Animales salvajes

Pista 5 Tu animal salvaje favorito
Pista 6 Música de Venezuela
Pista 7 Repaso: ¿cómo son?

UNIDAD 3 Nuestro colegio

Pista 8 Mi asignatura preferida
Pista 9 En mi tiempo libre
Pista 10 Música de Paraguay
Pista 11 Repaso: ¿qué haces en tu tiempo libre?

UNIDAD 4 Cosas de casa

Pista 12 ¿Cómo es este salón?
Pista 13 ¿Qué quiere comer la familia de Ana?
Pista 14 ¿Qué quieren comer los monstruos?
Pista 15 Música de Colombia
Pista 16 Repaso: ¿dónde están?
Pista 17 Repaso: ¿qué les gusta hacer?

UNIDAD 5 Nuestro barrio

Pista 18 Nuestro barrio
Pista 19 ¿Cómo van al colegio?
Pista 20 La *h* después de la *c*
Pista 21 Música de Argentina
Pista 22 Repaso: ¿qué plano es?

UNIDAD 6 ¿Cómo estás?

Pista 23 ¿Cómo están?
Pista 24 ¿Qué te duele?
Pista 25 Música de Panamá
Pista 26 Repaso: ¿qué les duele?

1.ª edición: 2025

© Edelsa, S. A. Madrid, 2025
Directora del proyecto y coordinadora del equipo de autores: María Luisa Hortelano
© Autoras: María Luisa Hortelano y Elena González Hortelano
© Ilustrador: Alberto Lozano

Equipo editorial:
Coordinación: Mila Bodas
Edición: María Sodore y Alicia Iglesia
Corrección: Carlos Miranda de las Heras
Edición digital: Eva Gómez

Diseño de cubierta: Carolina García
Diseño y maquetación de interior: Carolina García

ISBN: 978-84-9081-870-1
Depósito legal: M-3-2025
ISBN *pack* (alumno + ejercicios): 978-84-9081-872-5

Impreso en España/*Printed in Spain*

Fotografías e ilustraciones incluidas en maqueta:
123RF y colaboradores

Audio:
Locuciones y Montaje Sonoro TALKBACK, 2004
Pistas: 1, 2, 4, 5, 7, 8, 9, 11, 12, 13, 14, 16, 17, 18, 19, 22, 23, 24, 26

Locuciones y montaje sonoro: Bendito Sonido, 2025
Voces de la locución: Elena G. Hortelano: pistas 8, 13, 16, 19 y actividades digitales
Pablo Iba: pistas 13, 20 y actividades digitales

Música de diferentes países. Pistas 3, 6, 10, 15, 21, 25 de *Colega vuelve 1, 2, 3* y *4*

PAPEL DE FIBRA
CERTIFICADO